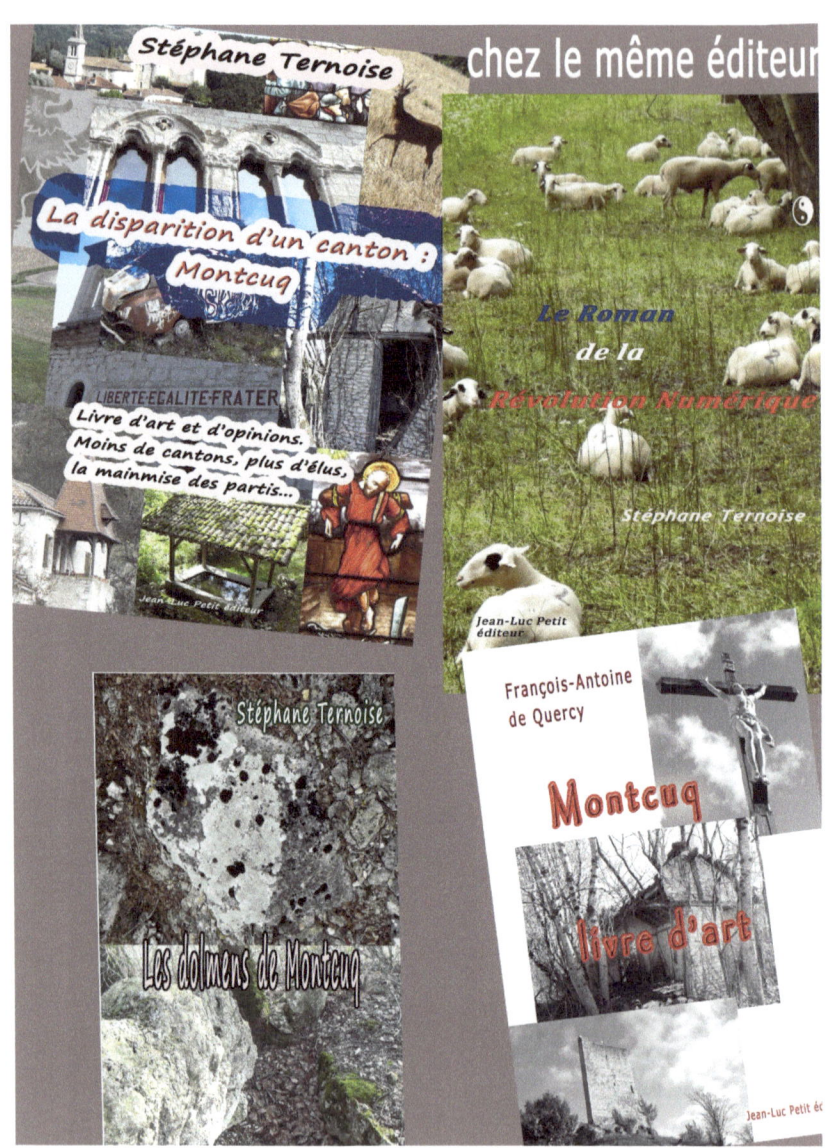

Saillac, village du Lot

Du lavoir aux dolmens en passant par les gariottes et le menhir

Du même auteur*
Romans

Le roman de la Révolution Numérique
Ils ne sont pas intervenus (Peut-être un roman autobiographique)
La Faute à Souchon : (Le roman du show-biz et de la sagesse)
Quand les familles sans toit sont entrées dans les maisons fermées
Liberté j'ignorais tant de Toi (Libertés d'avant l'an 2000)
Viré, viré, viré, même viré du Rmi !

Théâtre

Neuf femmes et la star
Les secrets de maître Pierre, notaire de campagne
Ça magouille aux assurances
Chanteur, écrivain : même cirque
Deux sœurs et un contrôle fiscal
Amour, sud et chansons
Pourquoi est-il venu :
Aventures d'écrivains régionaux
Avant les élections présidentielles
Scènes de campagne, scènes du Quercy
Blaise Pascal serait webmaster
Trois femmes et un Amour
J'avais 25 ans
« Révélations » sur « les apparitions d'Astaffort »
Jacques Brel / Francis Cabrel

Théâtre pour troupes d'enfants

La fille aux 200 doudous
Les filles en profitent
Révélations sur la disparition du père Noël
Le lion l'autruche et le renard,
Mertilou prépare l'été
Nous n'irons plus au restaurant

* extrait du catalogue, voir www.ternoise.net

Stéphane Ternoise

Saillac, village du Lot

Du lavoir aux dolmens en passant par les gariottes et le menhir

Sortie numérique : 20 février 2012
Sortie papier : 17 mai 2015

Jean-Luc Petit éditeur / Collection Photos

Stéphane Ternoise
versant lotois :

http://www.lotois.fr

Tout simplement et logiquement !

Tous droits de traduction, de reproduction, d'utilisation, d'interprétation et d'adaptation réservés pour tous pays, pour toutes planètes, pour tous univers.

Site officiel : http://www.ecrivain.pro

© **Jean-Luc PETIT - BP 17 - 46800 Montcuq – France**

Saillac, village du Lot

J'ai décidé de visiter Saillac après avoir vu une photo, celle du lavoir... restant finalement plusieurs heures dans le village, à photographier maisons, puits et autres bâtisses. Rentré, je découvrais sur le net la présence de dolmens à *Crouzelles* et *Dirau* mais ainsi l'existence de Jamblusse... De septembre 2011 à février 2012, chaque passage dans le canton de Limogne m'entraîna à la découverte des trésors locaux non fléchés ! Trois dolmens classés monuments historiques (sur cinq retrouvés sur la commune) et aucune indication !
Heureusement, je croisais un jour David Vidaillac... dont la famille possède justement l'un de ces dolmens...
Un jour, peut-être, un parcours entre dolmens, gariottes, lavoirs (quatre !), pigeonniers et autres curiosités sera officiellement proposé... Puisse ce livre (58 photos) et les autres de la série http://www.lotois.fr permettre la prise de conscience de l'existance dans le Lot d'espaces peut-être plus attractifs que Disneyland... Je ne pense pas à Saint-Cirq–Lapopie ni Rocamadour en attendant, voici les indications pour passer ne serait-ce qu'une belle journée dans ce sud du Lot, à trente-six kilomètres de Cahors.
Il ne s'agissait pas pour moi de me transformer en historien du lieu, je laisse aux auteurs locaux le soin de raconter leur village... mais il m'a semblé important de le montrer...

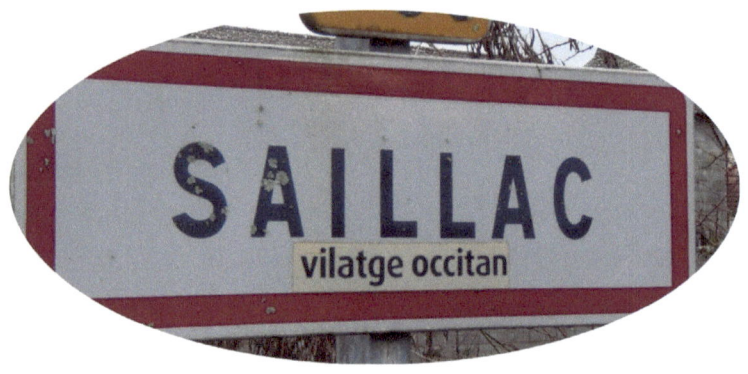

Le lavoir de Saillac

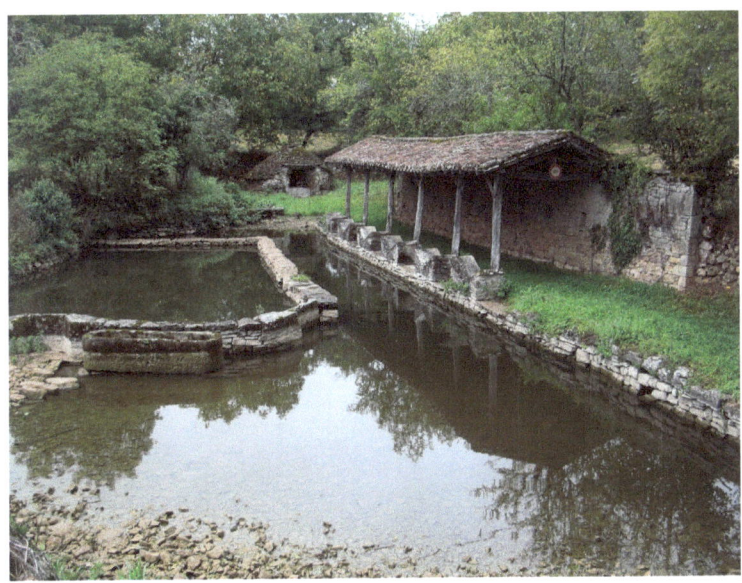

Le lavoir de Saillac avec en arrière-plan (et détail) le puits. Un lavoir bordé de pierres à laver placées en dièdre, d'où l'expression lavoir « papillon » typique de cette partie du Quercy.

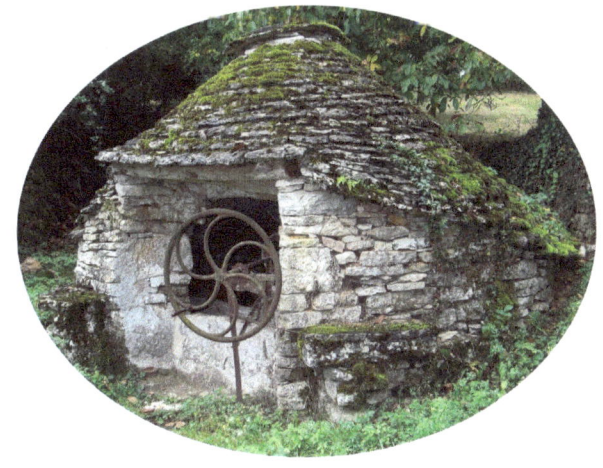

Les puits

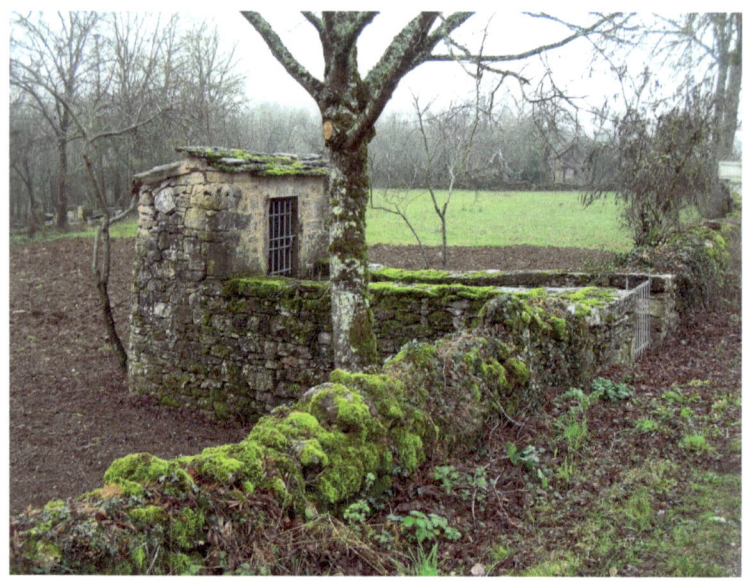

Chaque propriété possédait son puits ? Probable. Certains semblent encore utilisés, pour irriguer les jardins.

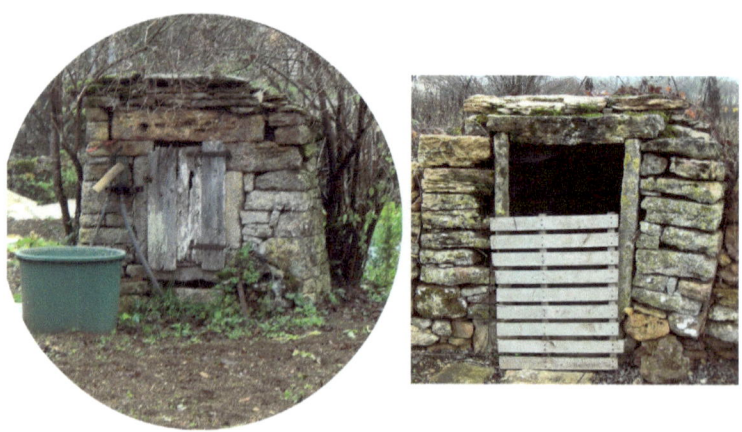

L'église Saint-Martin de Saillac

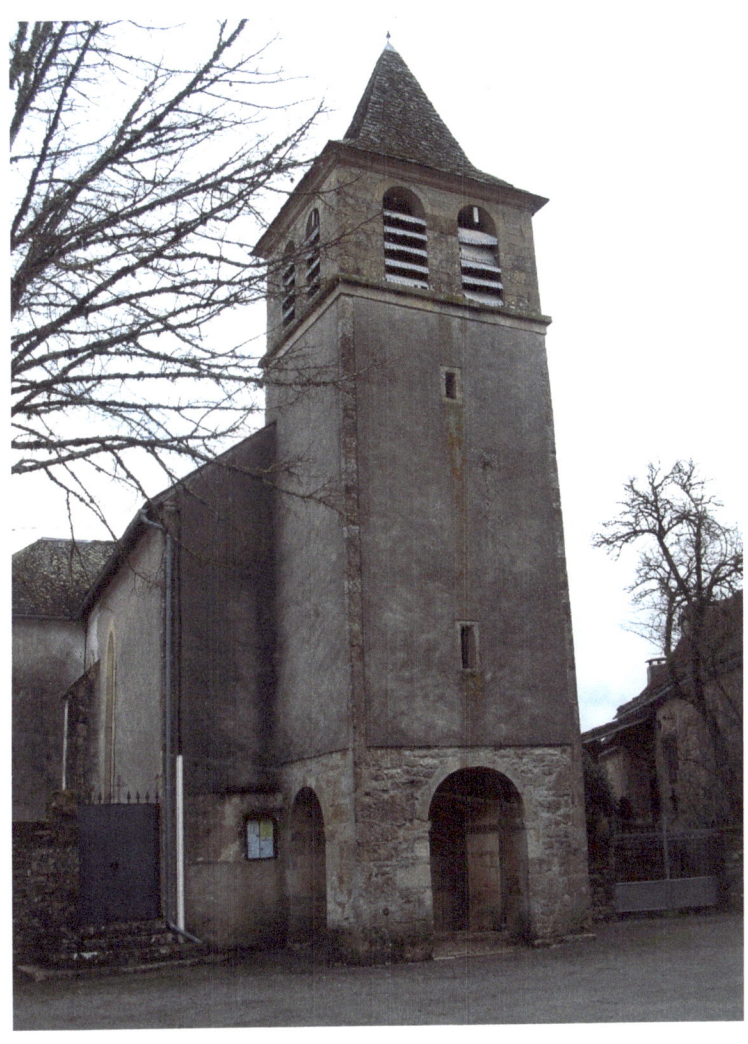

Forcément, une église se remarque toujours dans un village d'une centaine d'habitants. 118 selon le dernier chiffre. L'église Saint-Martin.

L'habitat

Parfois à restaurer. Ainsi cette maison de 1869 face à l'église.

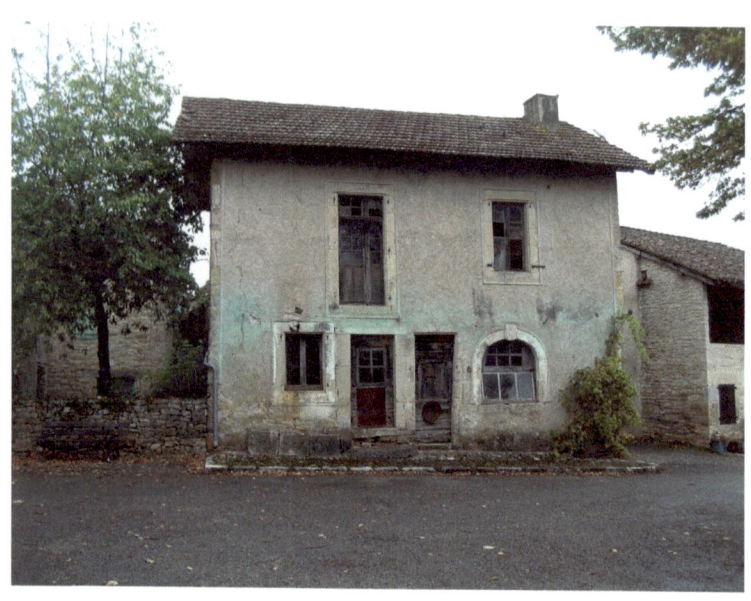

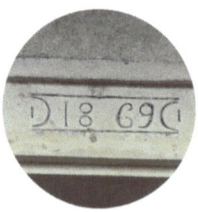

Souvent magnifiquement entretenu :

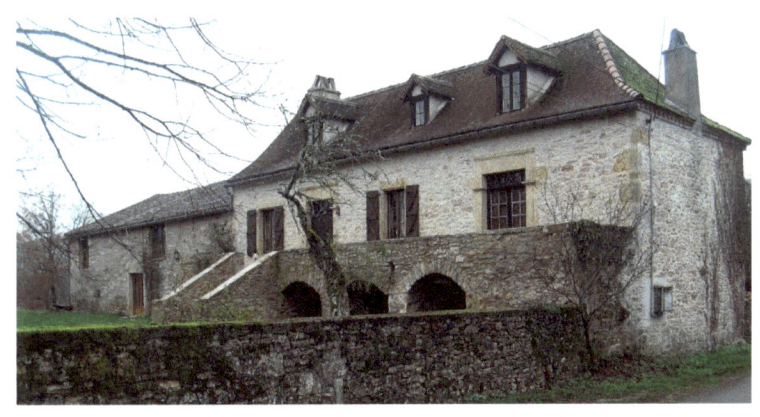

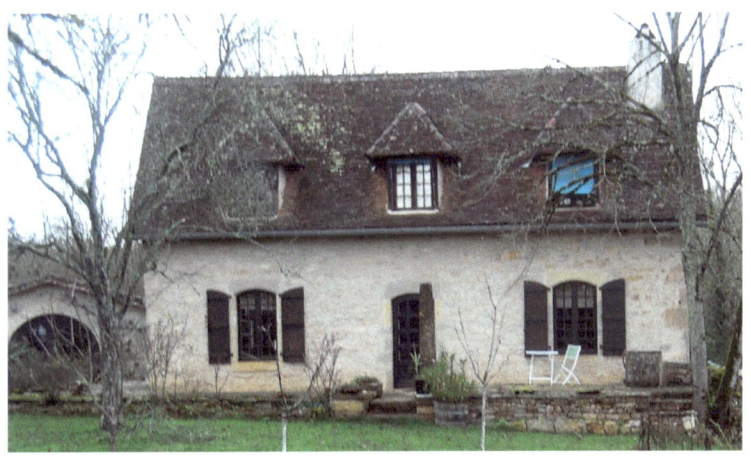

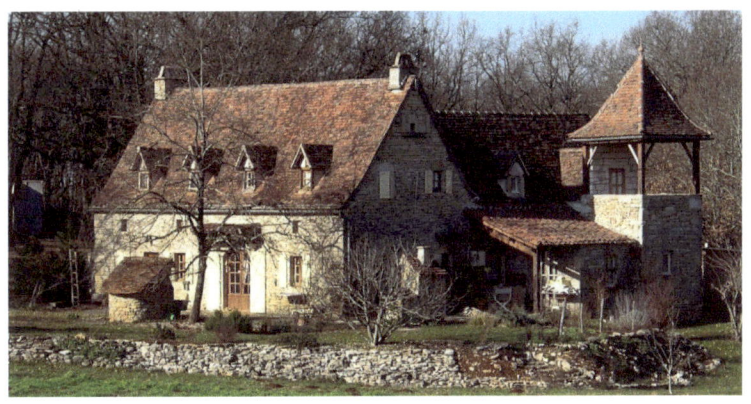

Au cœur du village, un ensemble pigeonnier bâtisses en pierres sèches :

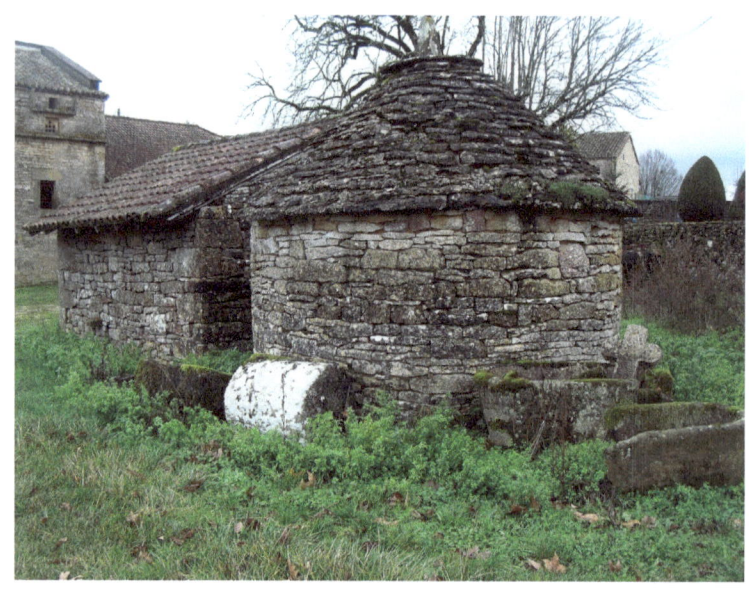

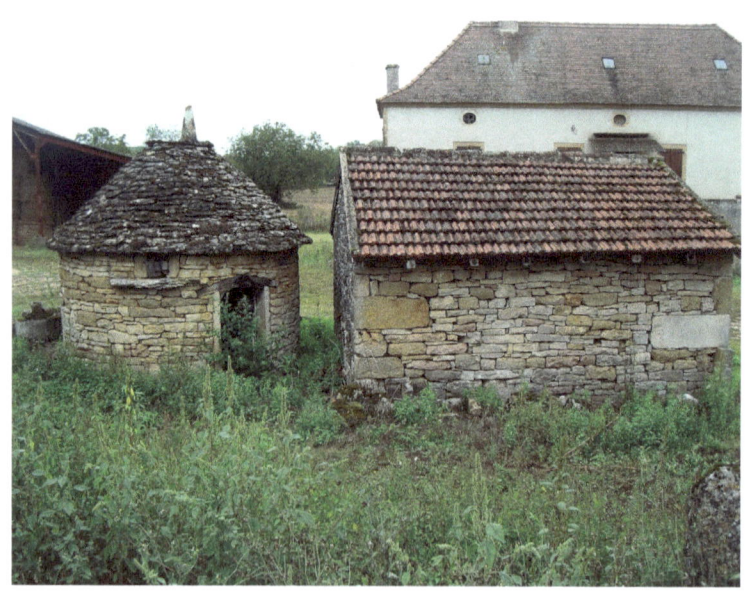

Une drôle de rencontre

Entrée du village, en arrivant de Beauregard, sur la gauche, une ruine… Finalement je m'arrête. Et m'approche de la porte de la partie où subsiste le toit… Un sanglier s'est alors senti piégé, il a bondi… par réflexe je me reculais, me plaquais contre le mur et il est passé comme une bombe à mes côtés. Il s'agissait sûrement d'une laie… elle abandonna six marcassins… Ils furent apeurés, essayèrent de s'échapper mais un pied suffisait à les arrêter. Après quelques photos, je les laissais partir… ils prirent la même direction que leur mère précédemment. Dangereux, parfois, le métier de reporter du Quercy.

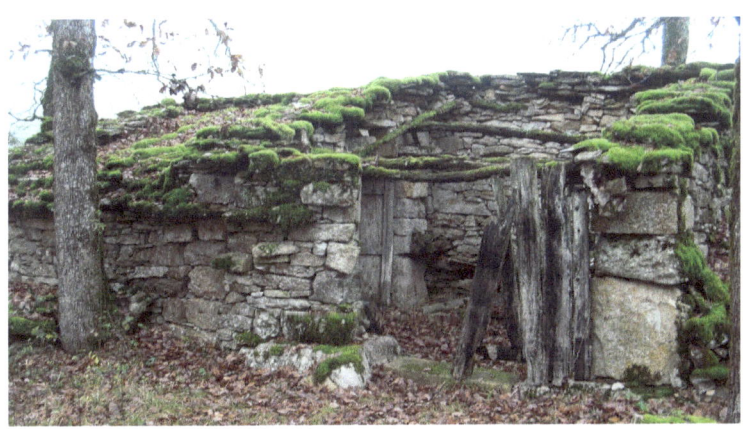

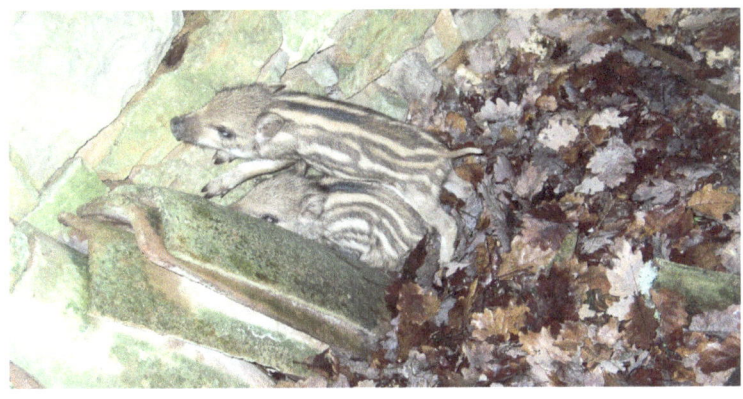

Le menhir de Saillac

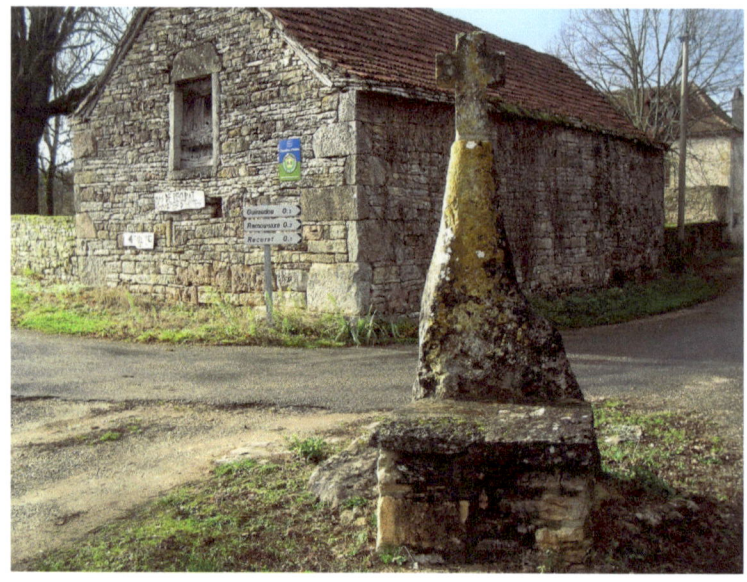

Il ne fut pas classé monument historique en 1959 et ne l'est toujours pas. Il suffit de parcourir Saillac, le village, pour le rencontrer à un carrefour, en direction de Jamblusse. Environ deux mètres de hauteur, se terminant par une croix. À quelle époque fut-elle ajoutée ?

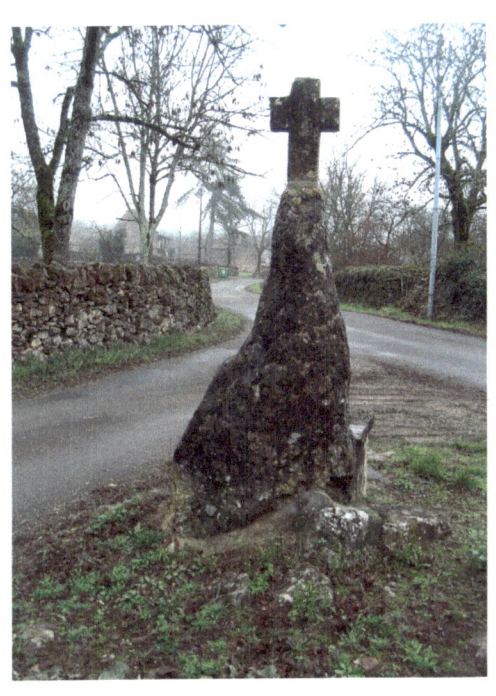

Les signes chrétiens abondent, parfois discrets, comme cette croix sur le linteau d'une maison de 1728.

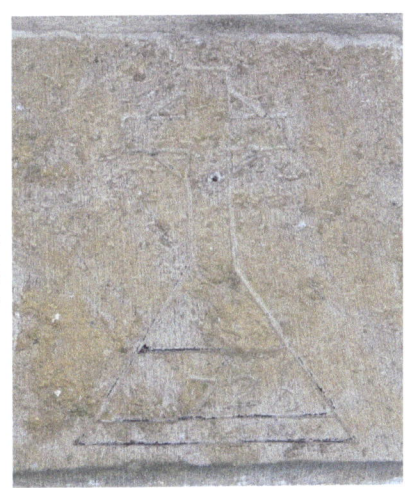

La recherche des dolmens

J'ai marché. Et je ne croisais personne. J'avais bien le plan communal, présenté devant l'église mais aucune route n'est notée au niveau des dolmens... *Combel Gamasse*, entre la D52 menant à Varaire et la D53 menant du menhir à Jamblusse.

Les dernières pierres vont tomber... maisons ou gariottes...

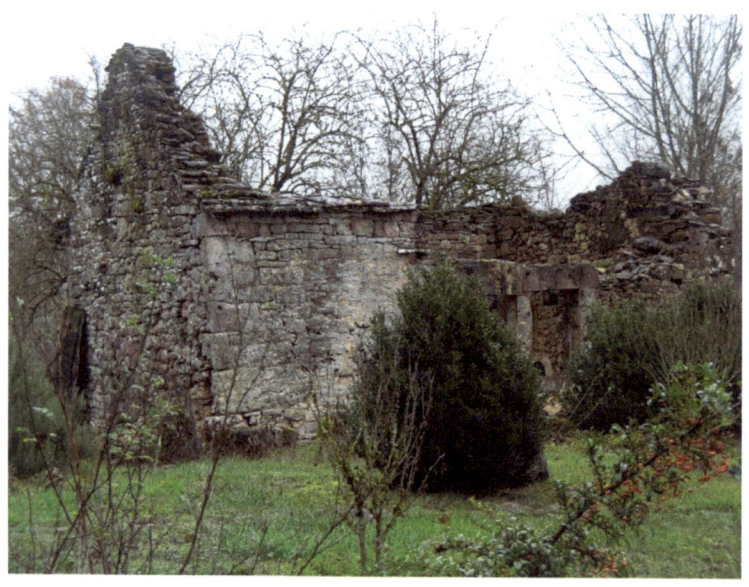

Se « perdre » présente, malgré tout, un côté agréable...

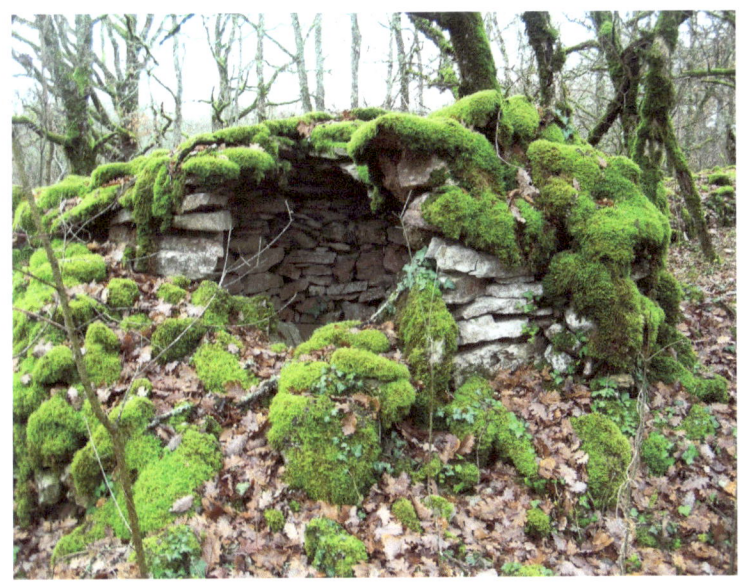

Même quand leur état reste correct, les gariottes sont couvertes de mousses ou lierre. Il suffirait de quelques heures chaque année pour les nettoyer et vérifier qu'aucune pierre n'a bougé. De nombreux toits n'ont pas résisté à la négligence.

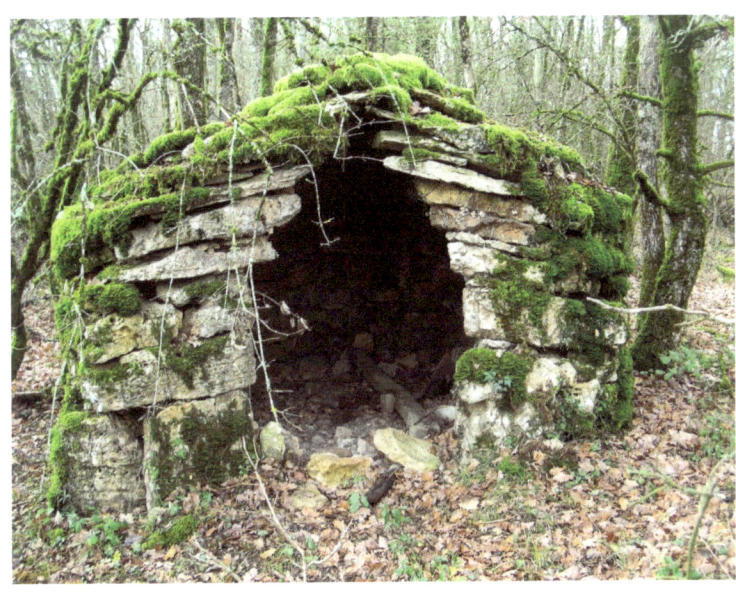

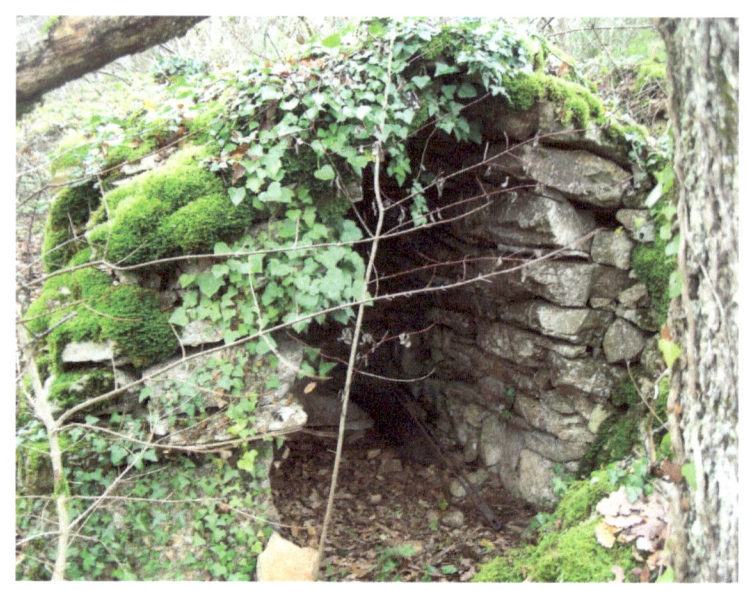

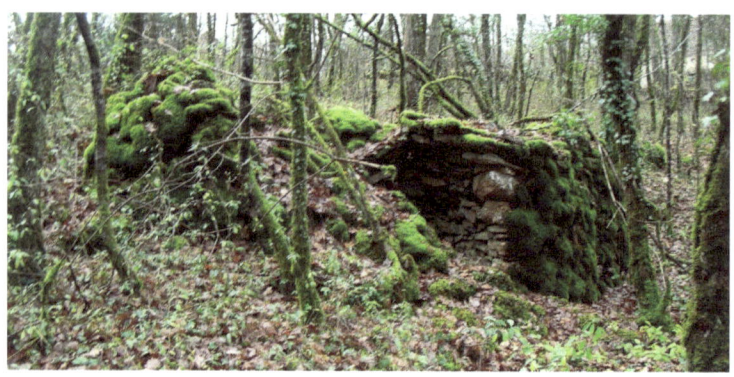

Pour cette gariotte au toit totalement effondré, il est sûrement trop tard.

Les pigeonniers

Sur quelques kilomètres carrés, quatre des formes typiques du Quercy.

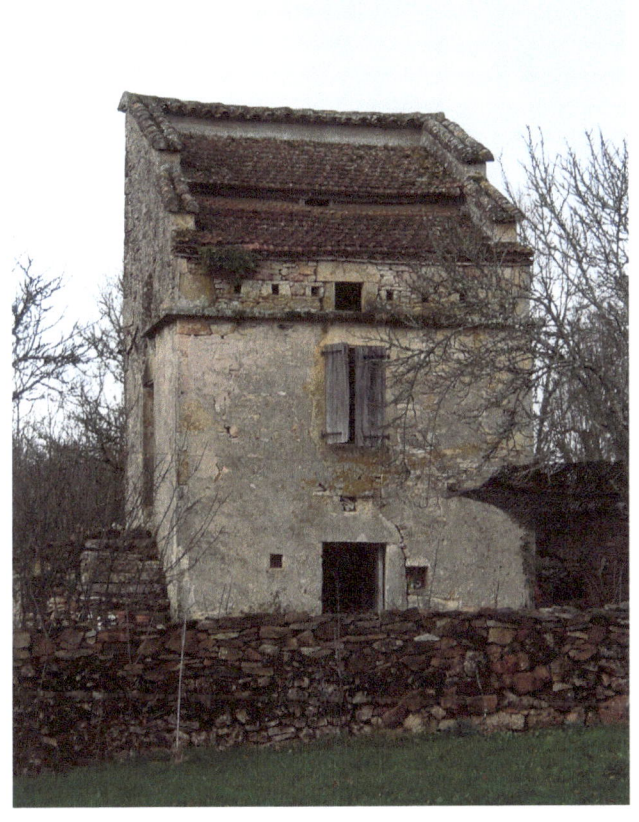

Pigeonnier de type « pied de mulet. »

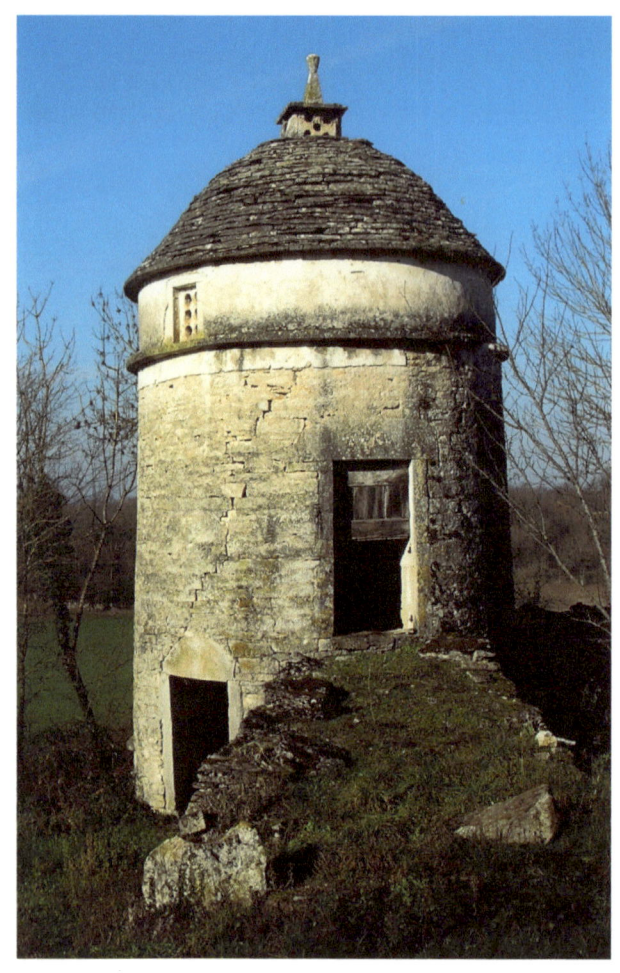

Pigeonnier tour ronde en pierre sèche et toiture en lauze.

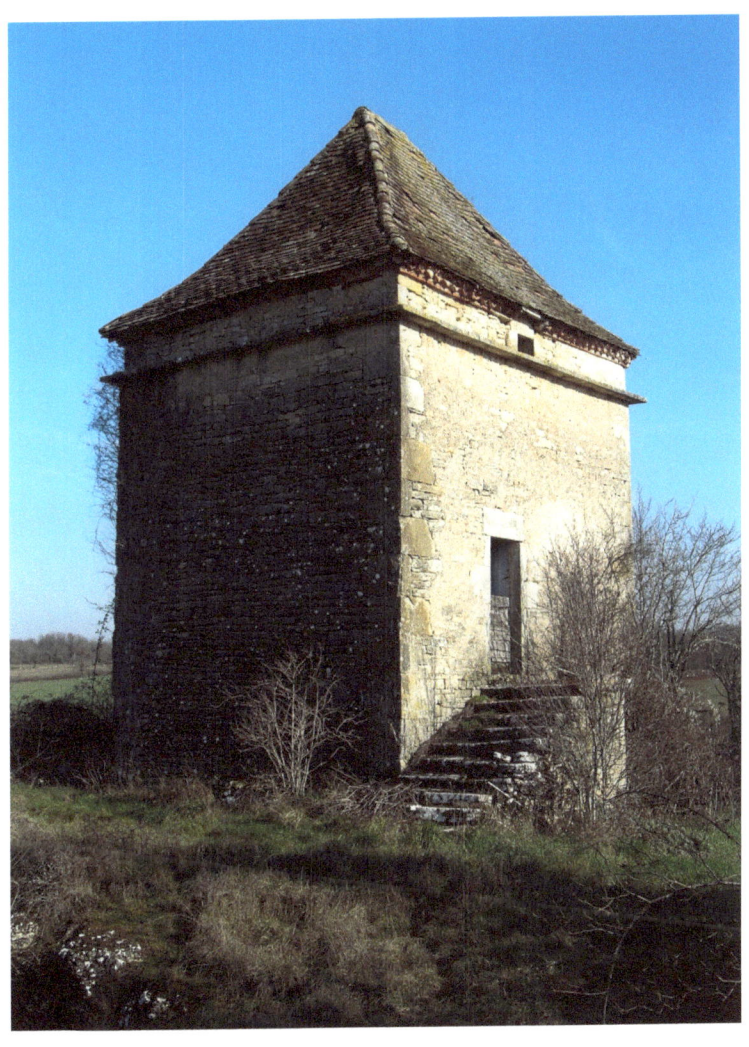

Pigeonnier tour carrée en pierre de taille.

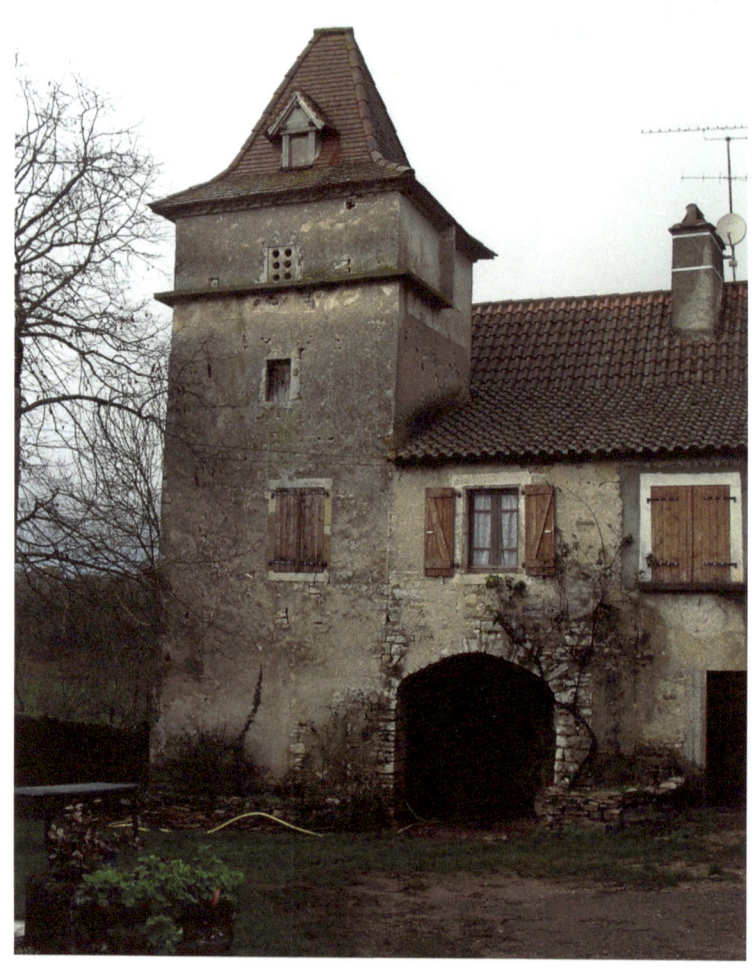

Pigeonnier tour carrée, accolé à l'habitation.

Jamblusse

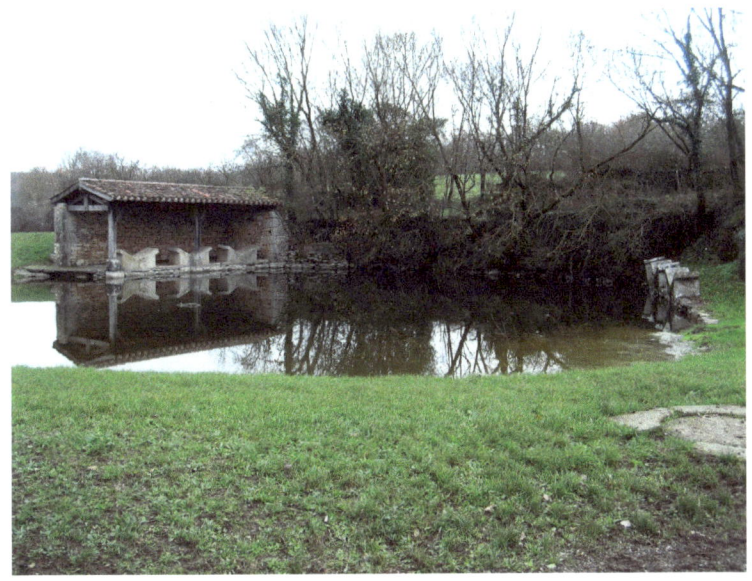

Son lavoir

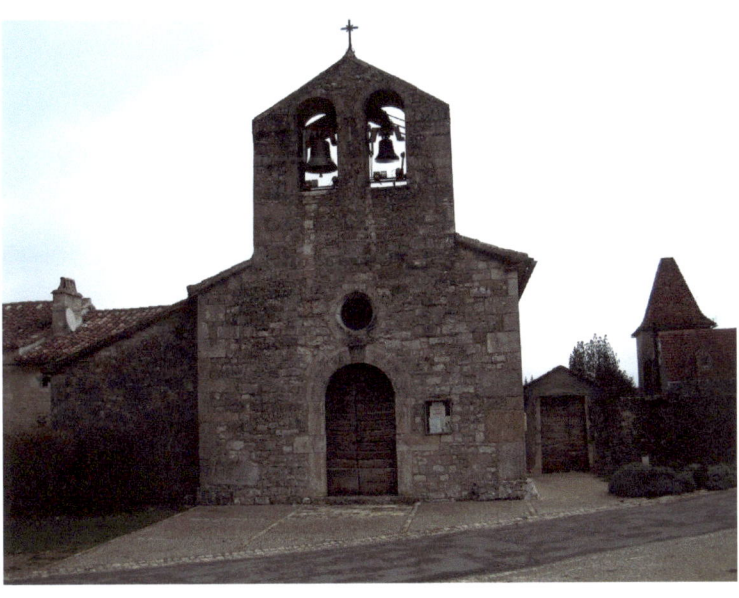

Son église, Sainte-Madeleine. Et son clocher-mur.

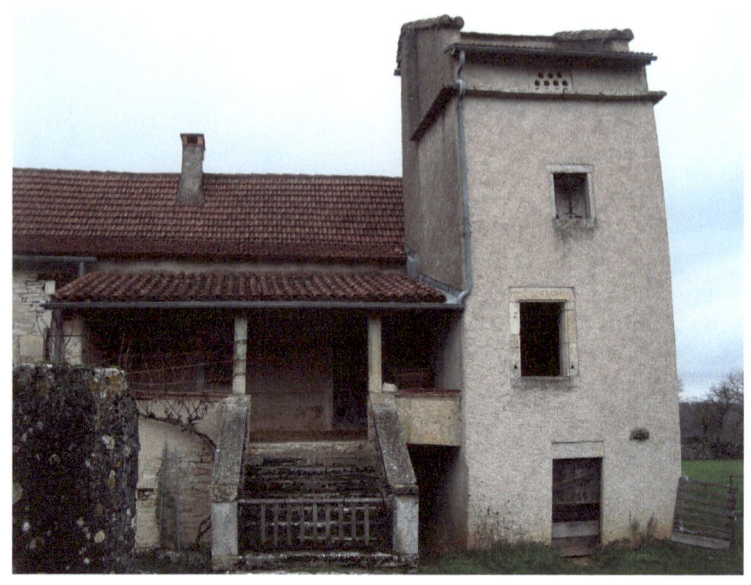

Habitation avec pigeonnier.

Crouzelles

La fontaine

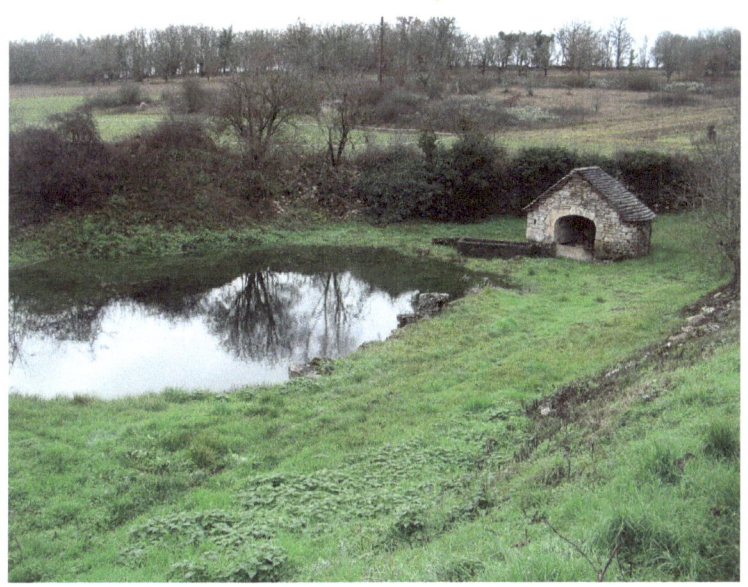

Détail : la clé sculptée de la croix de Malte sur la bâtisse dont le toit a recouvré sa composition initiale après des années où le béton semblait plus approprié. Les signes religieux abondent, témoin d'un passé où le lieu était une possession de la commanderie des templiers voisins de Lacapelle-Livron.

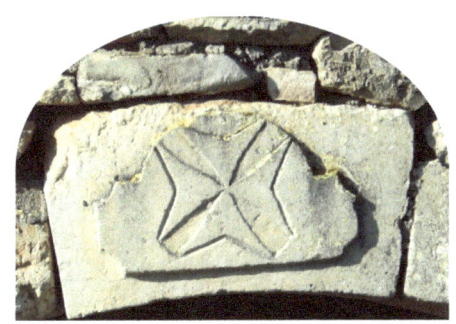

Subsistent deux larges dalles, plates et rectangulaires, inclinées comme celles des autres "lavoirs papillons. » Les lavandières n'étaient donc pas obligées de se rendre à Jamblusse.

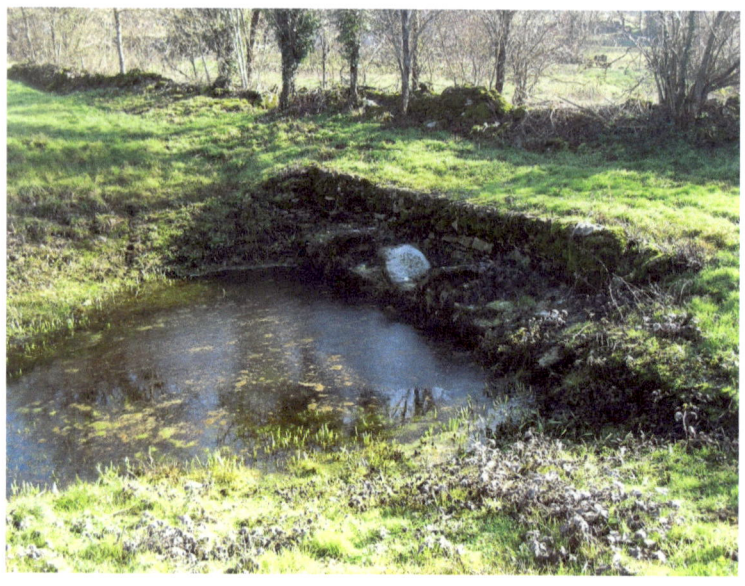

Après des recherches infructueuses dans les sentiers au bord de la route de Varaire, où deux points de la carte communale indiquent « dolmen », celui de Crouzelles semblait plus facilement repérable : il suffit de prendre sur la droite quand le chemin de Crouzelle, où se situe la fontaine, s'arrête. J'ai ainsi découvert quelques gariotte, abris, baraques… et finalement croisé mon guide local…

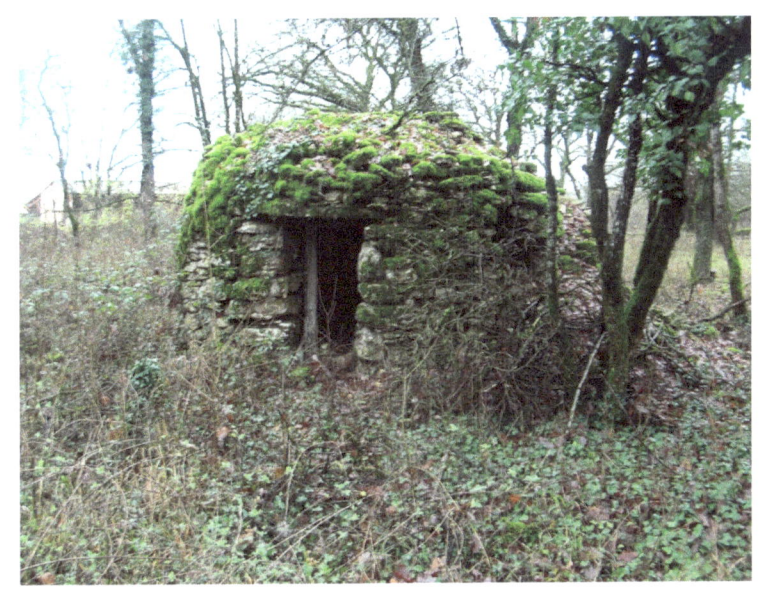

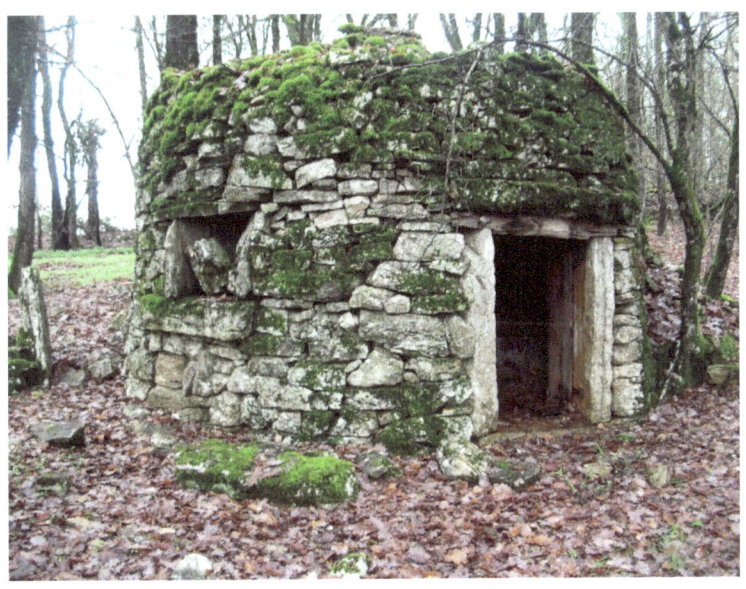

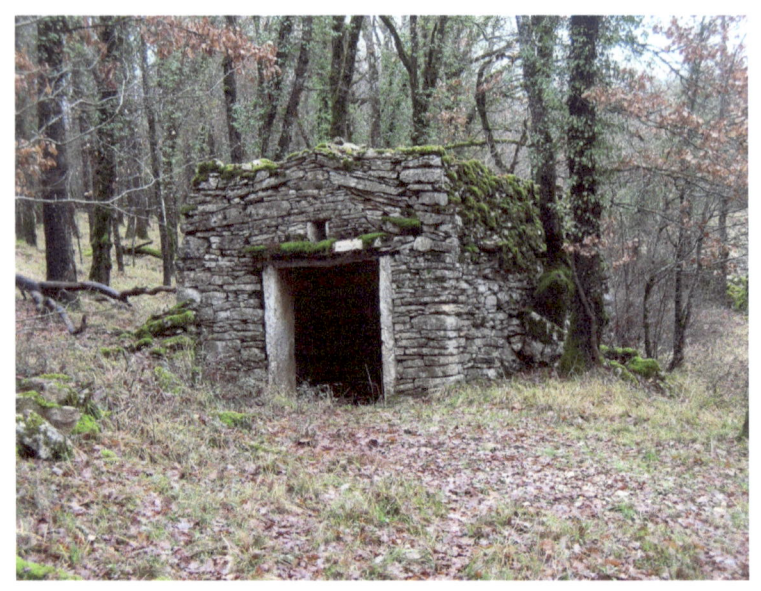

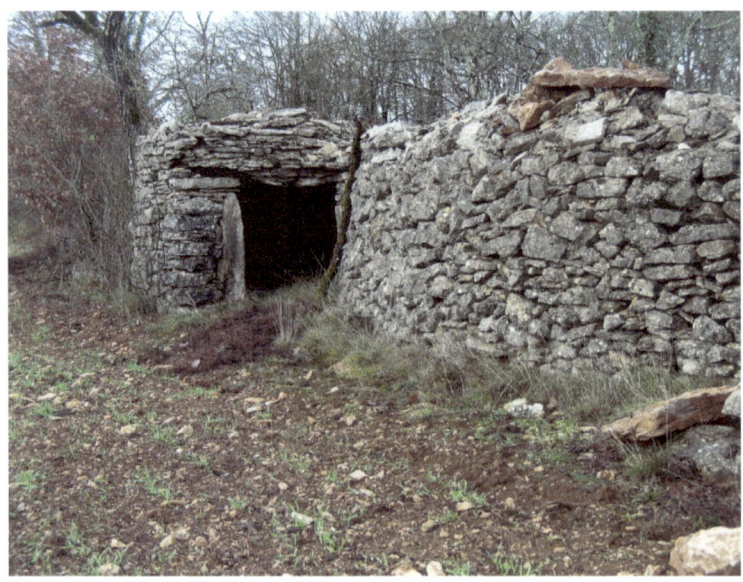

Le dolmen de Crouzelles

Au lieu-dit la Rouquette.
Inscrit aux Monuments Historiques le 13 mai 1959.

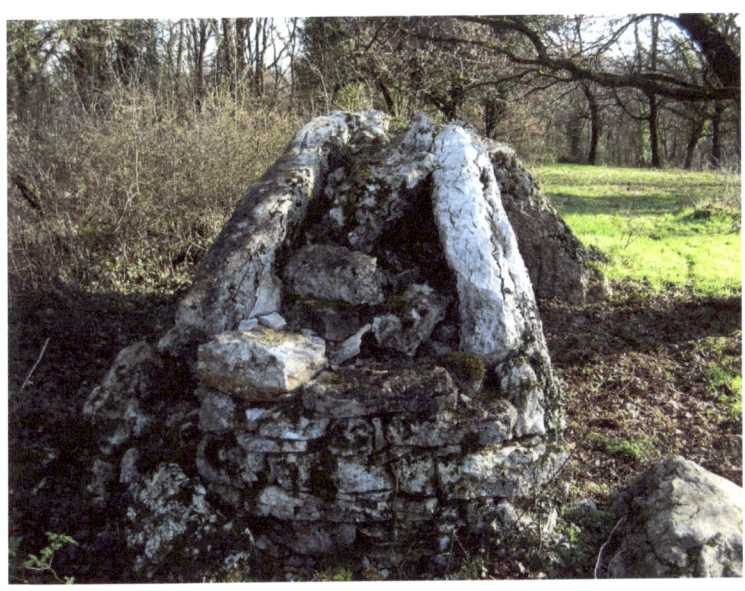

Tout simplement derrière les derniers bâtiments agricoles sur la droite de la route.
Alors que David Vidaillac voit dans ce mégalithe un témoignage historique à préserver, pour son grand-père il fut synonyme de soucis : quand la marie lui avait proposé son classement, il ne s'y était naturellement pas opposé… mais quand il voulut agrandir la ferme, le permis de construire dut passer par l'Architecte des Bâtiments de France.
L'article L621-31 du code du patrimoine stipule « *Lorsqu'un immeuble est situé dans le champ de visibilité d'un édifice classé au titre des monuments historiques ou inscrit, il ne peut faire l'objet, tant de la part des propriétaires privés que des collectivités et établissements publics, d'aucune*

construction nouvelle, d'aucune démolition, d'aucun déboisement, d'aucune transformation ou modification de nature à en affecter l'aspect, sans une autorisation préalable. »

Sachant que l'article L621-30-1 précise « *considéré comme étant situé dans le champ de visibilité d'un immeuble classé ou inscrit tout autre immeuble, nu ou bâti, visible du premier ou visible en même temps que lui et situé dans un périmètre de 500 mètres.* »

Malgré ces vieilles pierres, le permis de construire lui fut accordé.

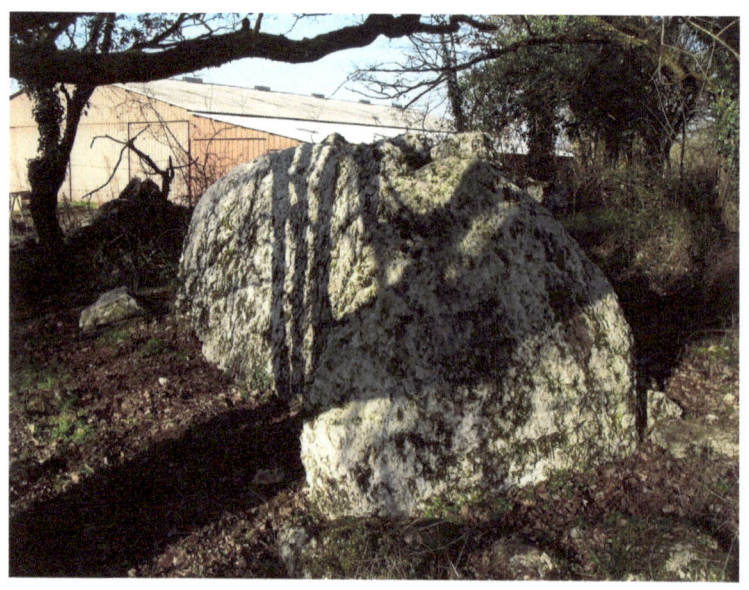

De mémoire d'hommes, la table (la partie « normalement » posée sur les deux pierres verticales, les orthostats), en position quasi verticale, n'a pas bougé. Les pierres à l'intérieur y furent placées au vingtième siècle.

Six à quatre mille ans environ avant nous, les dolmens furent des tombes collectives. Environ six cents sont répertoriés dans le Lot.

Les dolmens de Dirau

A la sortie de Crouzelles (la route sur la droite menait à la fontaine), laisser sur la gauche la magnifique maison...

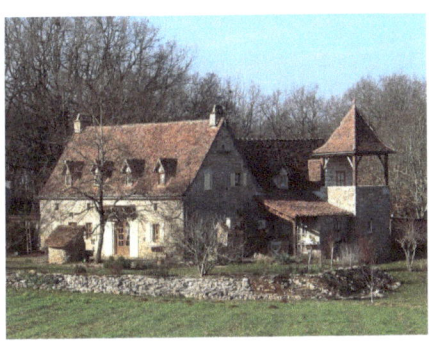

Atteindre un croisement, avec un chemin de terre très praticable. Il s'agit de la voie romaine. La prendre sur la droite.
Rapidement, vous pouvez vérifier qu'il s'agit du bon chemin en passant devant la « *VENERIE de l'ESTRADE* » aussi nommée « *Rendez-vous des chasseurs de sangliers* », sur la droite.
Prendre cette voie jusqu'au croisement avec la route goudronnée, la D52. Et s'arrêter.
Le dolmen du Clos-Grand n'est pas loin.
Une vingtaine de mètres, sur la droite, après la fin de la voie romaine, une barrière qui donne sur un chemin dégagé, en terre. Passer la barrière mais gagner l'autre muret, celui de gauche, qu'il suffit de suivre jusqu'à une ouverture sur la gauche où nous attend le dolmen.

Le dolmen du Clos-Grand

Lieu-dit Cloups Grands.
Classé monument historique également le 13 mai 1959. C'est sa mousse verte que l'on remarque le plus.

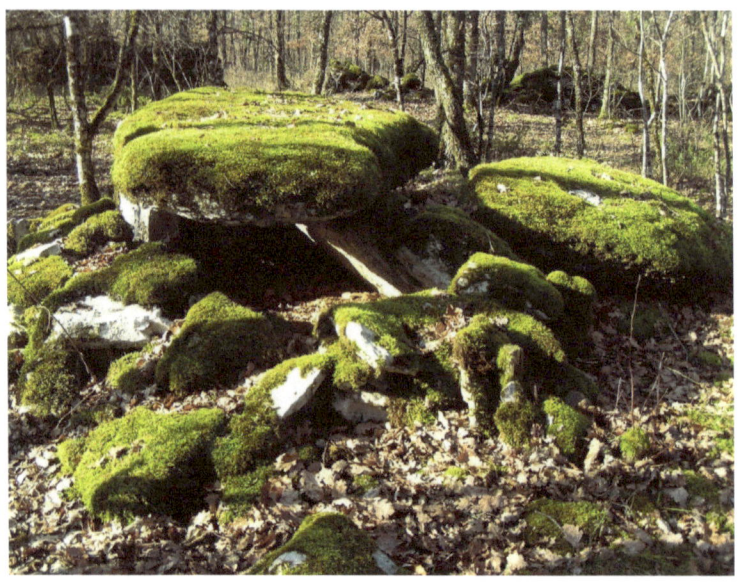

L'orthostat droit a perdu sa verticalité.

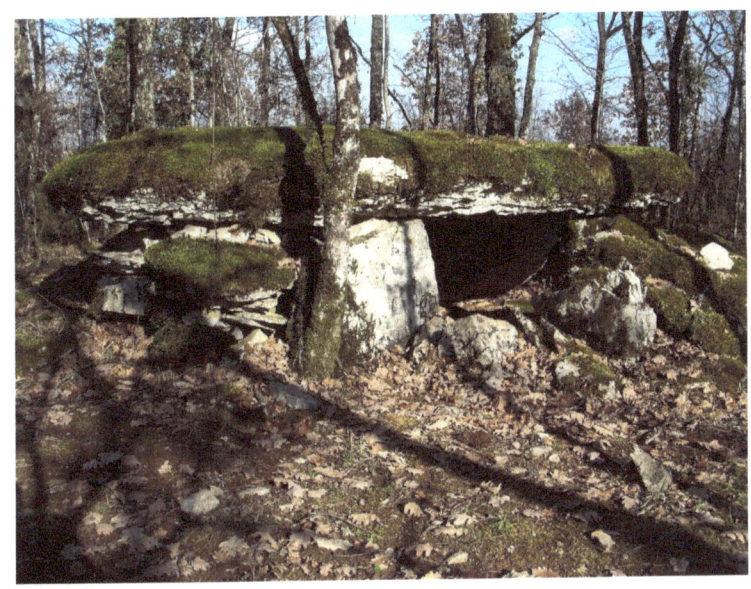

Revenir au point de départ (fin de la voie romaine)

Continuer à pieds la route goudronnée sur la droite jusqu'au premier chemin de terre sur la droite. Le prendre une bonne centaine de mètres.

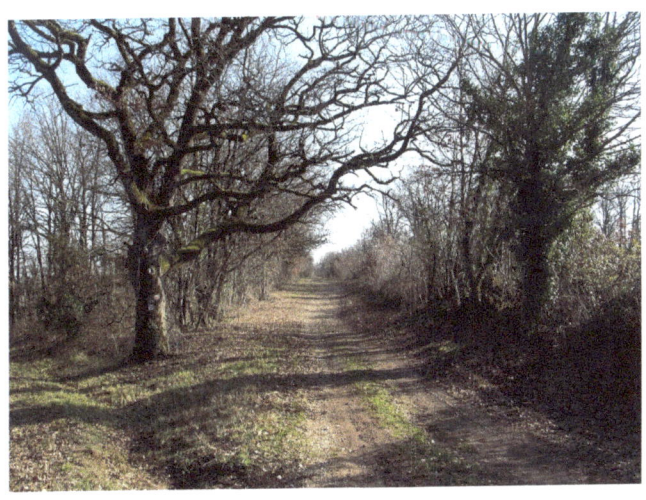

Le Dolmen des Sanguinnades

Inscrit aux Monuments Historiques le 25 juin 1959, sous le nom « *Dolmen de Dirau*. » Lieu-dit : Sanguinnade

Il est très visible sur la droite, dans un champ, à une vingtaine de mètres de la route. Sa table aussi a basculé, appuyée contre les deux supports latéraux.

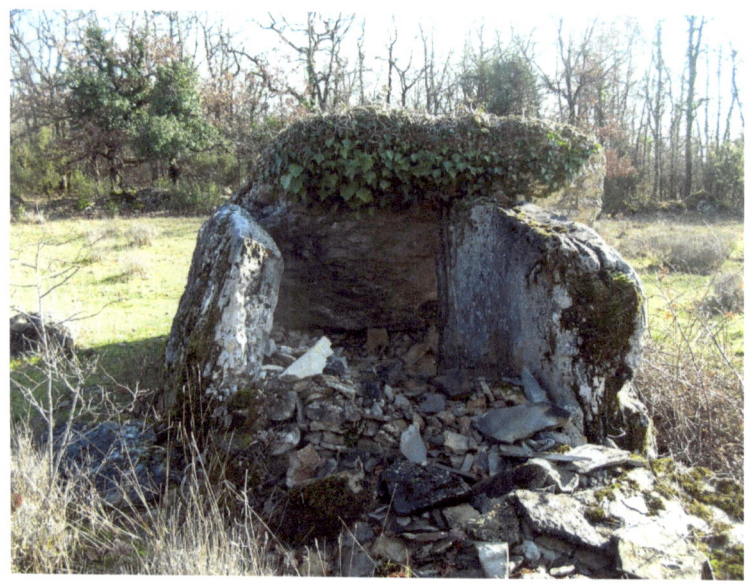

L'état de la table peut inquiéter : fissures.

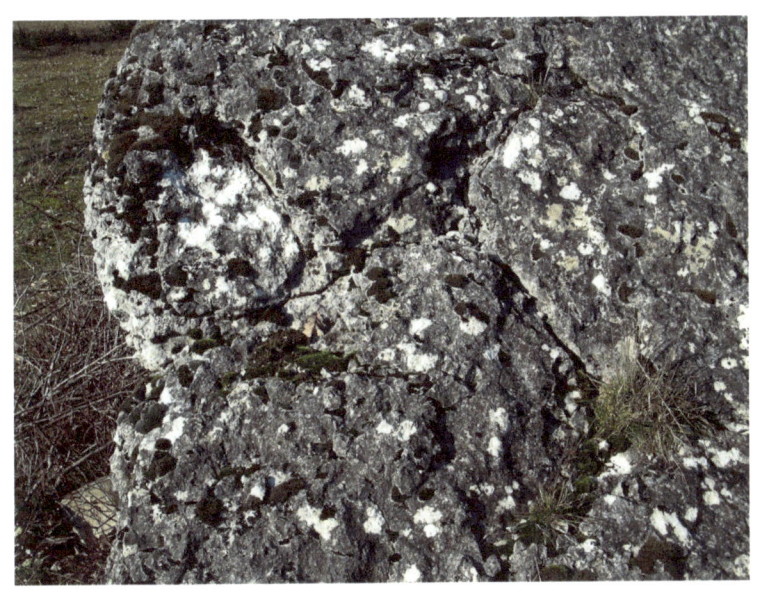

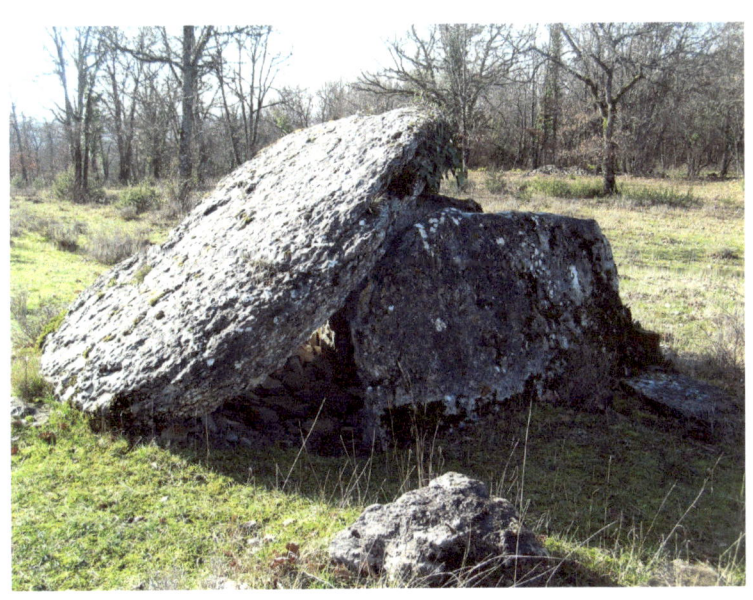

Le Dolmen numéro 3 de Dirau

Dans cette classification simplement numérotée, le dolmen des Sanguinades était le numéro 2.
Revenir sur le chemin et continuer environ 200 mètres puis prendre dans les bois sur la gauche, s'éloigner d'une trentaine de mètres de cette route puis marcher parallèlement à elle pour rencontrer le « dolmen numéro 3 de Dirau. »

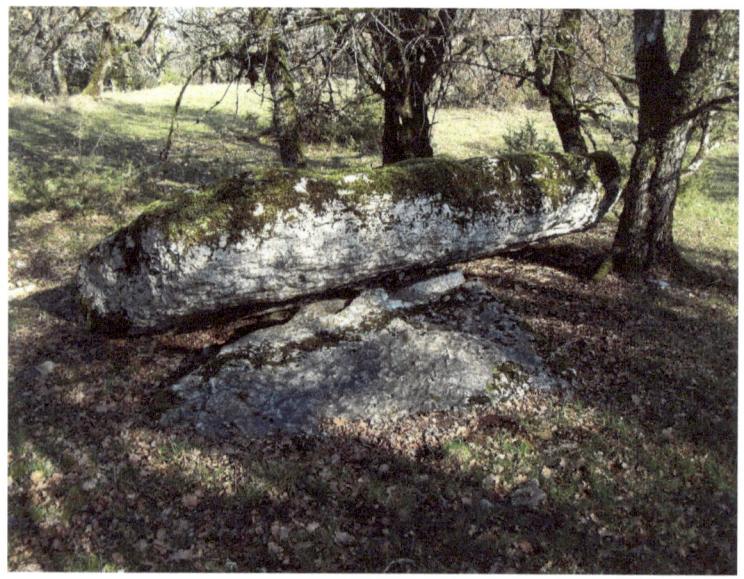

Dolmen à la table magnifique, bien lisse, ayant effondré ses supports (elle pèserait dix tonnes). Un seul est d'ailleurs visible. Ce nom de numéro 3 me dérange mais impossible d'obtenir l'appellation du lieu-dit. Il est vrai que même à Saillac, la plupart des habitants ignorent où sont situées ces vieilles pierres.

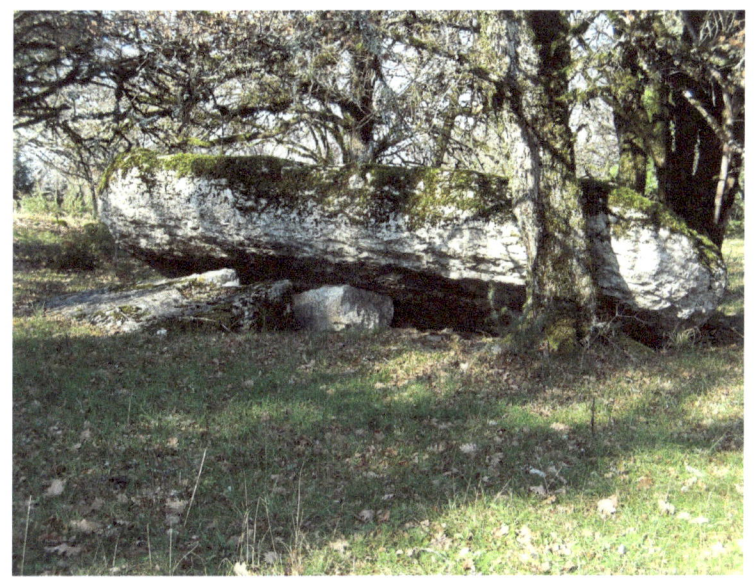

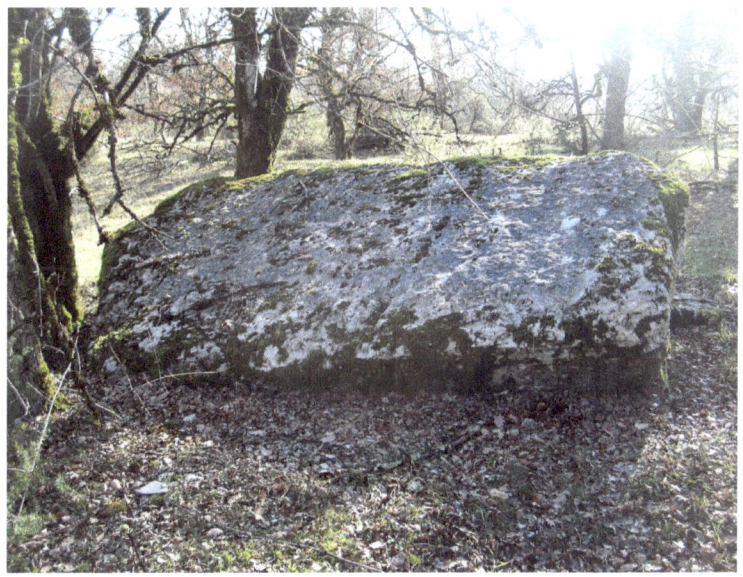

Retourner au point d'arrêt.

Dolmen n°1 de Dirau

Il ne manque plus que le numéro 1. Si ce livre entre au conseil municipal, le mystère des lieux-dits s'éclaircira sûrement.

Bref, reprendre la voie romaine. Monter. Après le croisement GR36 continuer environ deux cents mètres et prendre le premier chemin sur la droite. Puis prendre le premier chemin à environ cent mètres, le dolmen sera alors à une trentaine.

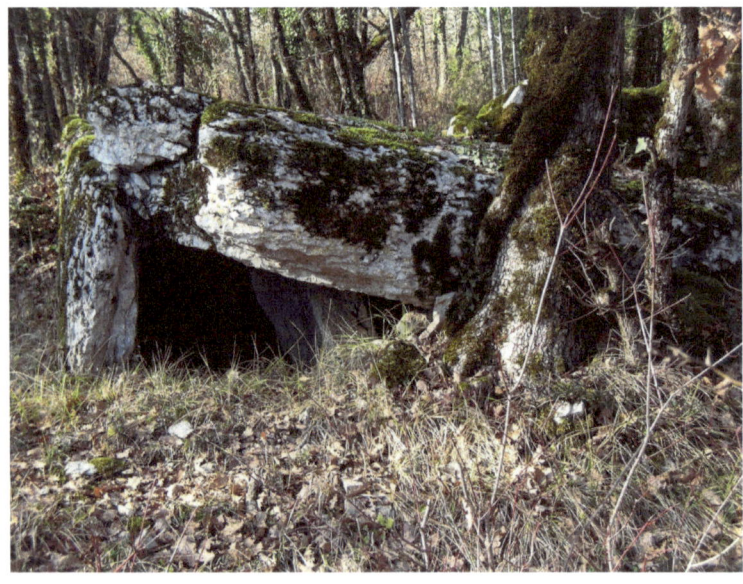

La table atteindrait les quinze tonnes. Elle a glissé d'un des supports. L'ensemble est magnifique. Il méritait bien le temps consacré à sa recherche (merci à l'inconnue qui me guida).

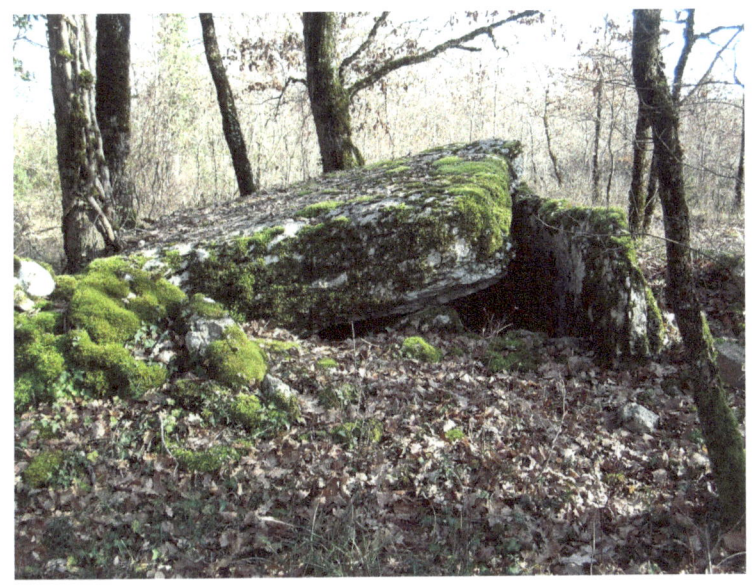

À une vingtaine de mètres du dolmen, une petite gariotte.

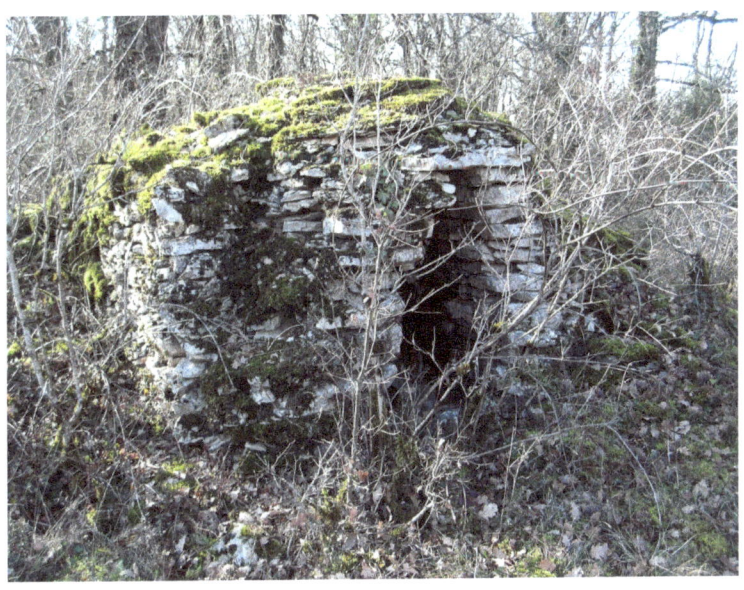

Le hameau du Cros… sa grotte

L'accès à la perte du ruisseau du Cros est protégé par une grille en fer artistiquement sculptée. Et je vous conseille d'essayer de suivre ce ruisseau… dont le sillon menant à cette perte est asséché.

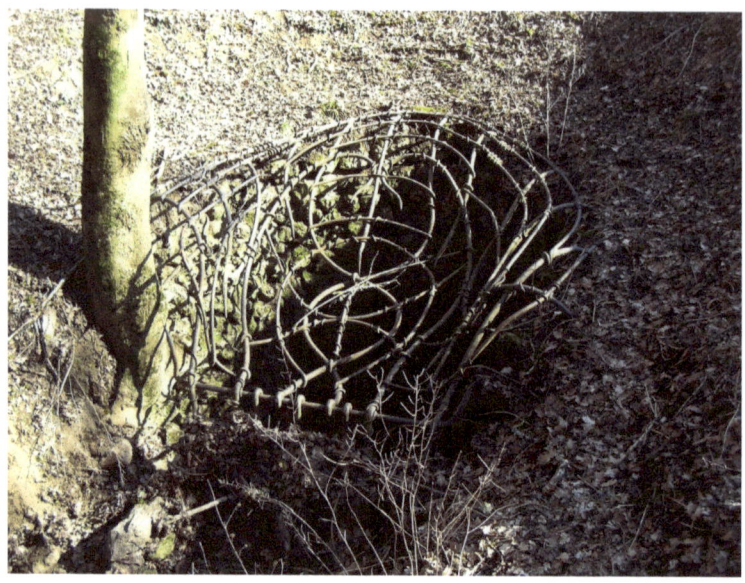

Quelques centaines de mètres et l'endroit constitue une invite à la sérénité…

Aucun document ne répertoriait ce lavoir, certes modeste, avec son petit pont... Des retenues furent aménagées, des murs subsistent...

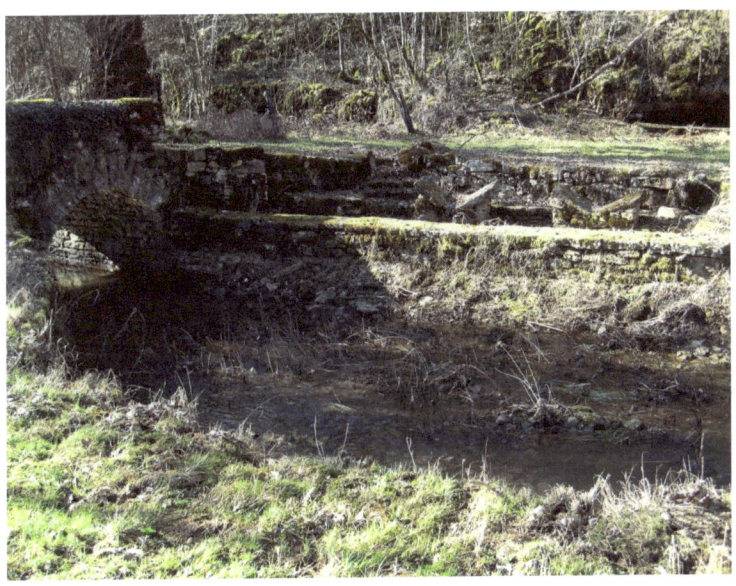

Quant à la grotte, sûrement occupée au paléolithique puis pendant le premier âge du fer... Faute de guide, je m'y suis seulement aventuré quelques mètres, sans même y croiser une chauve-souris.

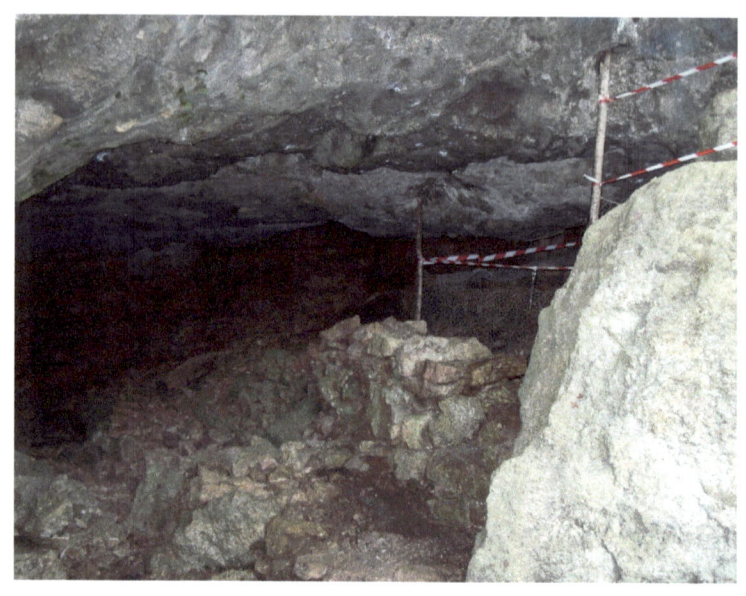

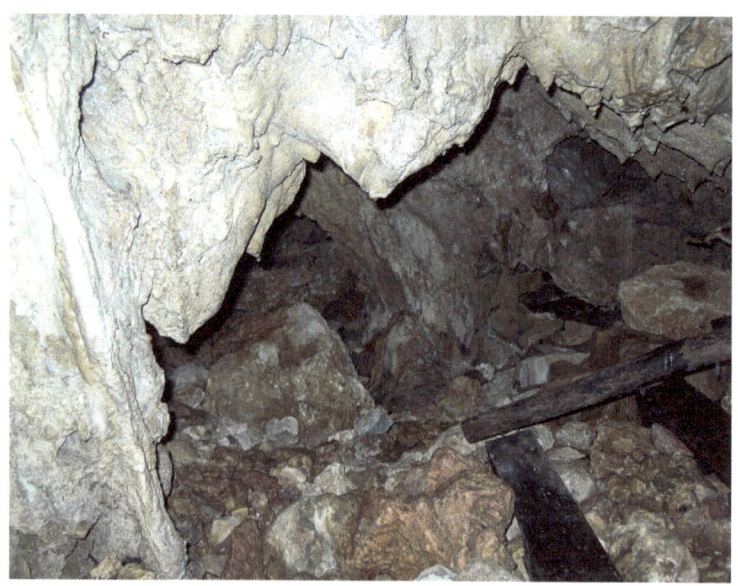

Saillac infos...

La commune s'étend sur 1500 hectares. Des traces de l'occupation ancienne de ces terres sont donc visibles, du mégalithe de l'époque druidique aux dolmens en passant par la grotte. Deux voies romaines se croisèrent et Salius, riche propriétaire gallo-romain, donna son nom au lieu.
Et c'est notre chère révolution française, qui regroupa les paroisses de Saillac et Jamblusse, située à 4 kilomètres au sud-ouest. Agréable voyage et bon courage aux saillacoises et saillacois pour restaurer et préserver leur patrimoine.

Stéphane Ternoise

Stéphane Ternoise est né en 1968. Il publie depuis 1991. Il est depuis son premier livre éditeur indépendant.

Dès 2004, il a proposé des livres numériques, en PDF. Mais c'est en 2011 seulement que les ventes dématérialisées ont démarré. Son catalogue numérique (depuis mi 2011 distribué par Immateriel) a ainsi rapidement dépassé celui du papier, grâce à des essais, des livres de photos... tout en continuant la lente écriture dans les domaines du théâtre et du roman. Depuis octobre 2013, et son « identifiant fiscal aux États-Unis », son catalogue papier tend à rattraper celui en pixels.

http://www.livrepapier.com ou
http://www.livrepixels.com

Il convient donc, de nouveau, d'aborder l'auteur sous le biais de l'œuvre. Ainsi, pour vous y retrouver, http://www.ecrivain.pro essaye de fournir une vue globale. Et chaque domaine bénéficie de sites au nom approprié :

http://www.romancier.net
http://www.dramaturge.net
http://www.essayiste.net
http://www.lotois.fr

Vous pouvez légitimement vous demander pourquoi un auteur avec un tel catalogue ne bénéficie d'aucune visibilité dans les médias traditionnels. L'écriture est une chose, se faire des amis utiles une autre !

Saillac, village du Lot

7	Présentation
9	Le lavoir de Saillac
10	Les puits
11	L'église Saint-Martin de Saillac
12	L'habitat
15	Une drôle de rencontre
16	Le menhir de Saillac
18	La recherche des dolmens
21	Les pigeonniers
25	Jamblusse
27	Crouzelles
31	Le dolmen de Crouzelles
33	Les dolmens de Dirau
34	Le dolmen du Clos-Grand
36	Le Dolmen des Sanguinnades
38	Le Dolmen numéro 3 de Dirau
40	Dolmen n°1 de Dirau
42	Le hameau du Cros... sa grotte
45	Saillac infos...
46	Stéphane Ternoise

Mentions légales

Tous droits de traduction, de reproduction, d'utilisation, d'interprétation et d'adaptation réservés pour tous pays, pour toutes planètes, pour tous univers.

Site officiel : http://www.ecrivain.pro

Imprimé par CreateSpace, An Amazon.com Company pour le compte de l'auteur-éditeur indépendant.
livrepapier.com

ISBN 978-2-36541-664-1
EAN 9782365416641

Saillac village du Lot - Du lavoir aux dolmens en passant par les gariottes et le menhir de **Stéphane Ternoise**
© **Jean-Luc PETIT - BP 17 - 46800 Montcuq - France**
Dépôt légal : 20 février 2012

www.ingramcontent.com/pod-product-compliance
Lightning Source LLC
Chambersburg PA
CBHW040246220526
45473CB00001B/389